AF243245

NOTRE BUT
AU TONKIN

LETTRE

A

M. LE PRÉSIDENT DU CONSEIL

MINISTRE DES AFFAIRES ÉTRANGÈRES

(Mars 1884)

PAR

JULES BLANCSUBÉ

DÉPUTÉ DE LA COCHINCHINE

(Cette lettre, écrite après la prise de Bac-Ninh, revêt un caractère d'actualité, à la suite de l'affaire de Lang-Soon et à la veille d'hostilités possibles avec la Chine.)

PARIS

IMPRIMERIE NOUVELLE (ASSOCIATION OUVRIÈRE)

11, rue Cadet, 11

1884

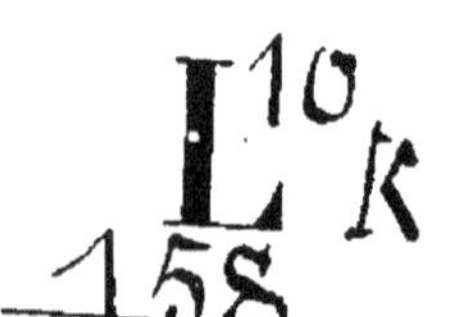

NOTRE BUT

AU TONKIN.

NOTRE BUT

AU TONKIN

LETTRE

A

M. LE PRÉSIDENT DU CONSEIL

MINISTRE DES AFFAIRES ÉTRANGÈRES

(Mars 1884)

PAR

JULES BLANCSUBÉ

DÉPUTÉ DE LA COCHINCHINE

(Cette lettre, écrite après la prise de Bac-Ninh, revêt un caractère d'actualité, à la suite de l'affaire de Lang-Soon et à la veille d'hostilités possibles avec la Chine.)

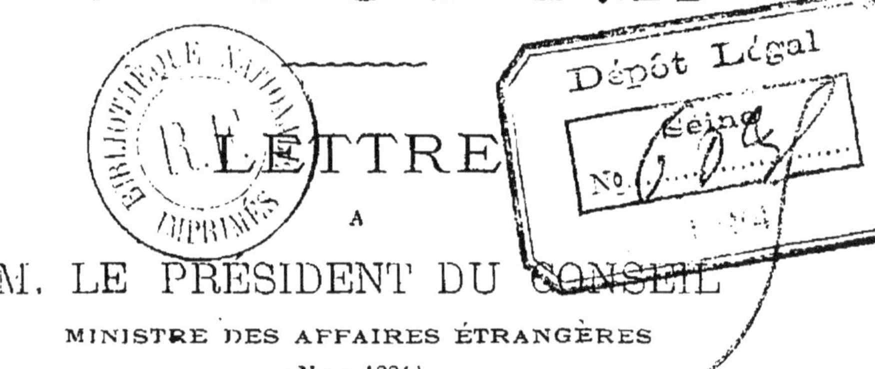

PARIS

IMPRIMERIE NOUVELLE (ASSOCIATION OUVRIÈRE)

11, rue Cadet, 11

1884

LETTRE

A

M. LE PRÉSIDENT DU CONSEIL

MINISTRE DES AFFAIRES ÉTRANGÈRES

Monsieur le Président du Conseil,

Le succès qui vient de couronner les premiers efforts de notre corps expéditionnaire au Tonkin a rempli de joie tous les cœurs français. Il était prévu et, néanmoins, il est bien permis de se féliciter de sa rapidité, de se réjouir de ce qu'aucune nouvelle complication diplomatique ou militaire ne soit venu le retarder.

Depuis plus de dix ans j'attends et j'appelle ce triomphe qui devenait chaque jour moins facile. La colonie de Cochinchine tout entière le désirait aussi passionnément que son représentant. C'est à ce titre de vieux champion d'une action résolue au Tonkin que je me permets de vous soumettre quelques idées qui, je l'espère, seront aussi les vôtres, mais que la polémique de certains journaux me fait un devoir d'affirmer auprès de vous.

Contrairement à ce qui est soutenu dans plusieurs journaux, je ne pense pas que la prise de Sontay et celle de Bac-Ninh soient un résultat tellement suffisant qu'il soit de nature à mettre fin à notre action au Tonkin.

La chute de ces deux places doit être rapidement suivie de la soumission de tout le pays. Une hésitation serait de nature à permettre à l'ennemi de se reconstituer et de créer ailleurs de nouveaux obstacles. J'espère, Monsieur le Président du Conseil, que le général Millot, qui voit de près la situation, ne sera pas arrêté dans sa marche en avant. Il faut qu'Hung-Hoa, Taï-Huyen, Lang-Soon, Lao-Kaï et tous les défilés de la frontière soient soumis. C'est le seul moyen de pacifier aujourd'hui le Tonkin et d'arrêter l'infiltration chinoise. Vouloir se borner à l'occupation du Delta, avec Son-Tay et Bac-Ninh comme places frontières, c'est non seulement faire une œuvre inachevée, mais c'est surtout faire œuvre peu sûre et peu durable. Il n'est pas, en effet, exact de dire que les deux places qui viennent d'être si brillamment conquises, peuvent suffire à assurer la pacification du Tonkin dans la partie comprise entre ses forteresses et la mer. Il est, au contraire, dans la situation que le pays sera troublé tant que la partie haute du pays, celle qui confine à la Chine, ne sera pas purgée, à son tour, des pirates et des Chinois réguliers ou non.

Notre but est de délivrer le Tonkin de ce fléau de la piraterie qui le désole; il est de le soustraire aux incursions que viennent y faire si souvent les bandes qui arrivent du Yun-nan, du Kuan-si et du Kuan-ton (avec l'appui plus ou moins avoué du gouvernement chinois); nous voulons aussi rendre libre et sûre la navigation du fleuve Rouge. Ces résultats, nous devons les poursuivre jusqu'au bout; nous nous y sommes engagés par le traité d'Hué, et notre intérêt l'exige. Nous arrêter en ce moment, ce serait rendre stériles les sacrifices que la France vient de faire, et que, dans la mesure de ses forces, la colonie de Cochinchine a faits de son côté, avec la ferme résolution de les continuer jusqu'au triomphe définitif.

Il ne se peut pas que la bravoure de nos soldats couvre seulement le drapeau d'une gloire inféconde ; leur victoire doit profiter à la République.

Dans ma pensée intime, les Pavillons-Noirs, vaincus à Sontay, après de sanglants combats, ne peuvent plus tenir devant nos soldats. Quant aux Chinois, ils ne se rassureront plus après avoir été obligés de fuir, de livrer presque sans combat une place qu'ils avaient fortifiée avec tant d'art, où ils avaient accumulé toutes les défenses, qu'ils avaient remplie de munitions, et dont les bastions et la triple enceinte étaient couronnés d'une nombreuse et formidable artillerie.

Il faut profiter de cette démoralisation, il faut que ces fuyards n'aient plus le temps de se rassurer, de se reconnaître, de recevoir de nouveaux renforts et de nouveaux secours.

A coup sûr c'est bien la pensée de l'illustre général, auquel le gouvernement a confié le soin de notre gloire ; ce serait ravir à lui et à ses généreux soldats une part de leur triomphe que d'arrêter leur élan.

S'il était utile de faire une diversion pour amener la Chine à rappeler ses soldats, la chose est certes bien facile. Depuis six mois, elle a massé ses meilleures troupes sur la frontière du Tonkin ; incessamment on signalait de Hong-Kong le passage de soldats du Nord envoyés à Canton. On ne craignait pas, en effet, à ce moment, une démonstration du côté de Pékin ; les glaces la protégeaient contre nos flottes ; mais cette barrière disparaît dans cette saison et nos escadres peuvent maintenant aborder au Petchilly.

Une diversion plus utile et plus pratique me paraît devoir être faite à Haï-nan. J'ai déjà eu l'honneur, Monsieur le Président du conseil, de vous signaler l'importance de cette île. Aucun obstacle sérieux ne s'oppose à ce que nous l'occupions, comme gage de paix, au moins jusqu'à ce que la Chine ait cessé toute hostilité et ait réparé les torts qu'elle nous a causés.

Dans un autre ordre d'idées, et si la

Chine continuait à se prendre au sérieux, si, comme elle en fait la menace, elle considérait la prise de Bac-Ninh comme une cause de rupture et un *casus belli*, il ne serait pas nécessaire de renforcer le corps expéditionnaire, mais il faudrait alors recourir à des diversions qui auraient bien vite réduit le gouvernement de Pékin. La grande insurrection des Taï-pings n'est pas si complètement finie qu'elle n'inspire plus de craintes. Si elle a été vaincue, c'est grâce à notre concours; l'amiral Protais est tombé en l'écrasant à Shanghaï et ce sont nos officiers qui ont conduit contre elle les troupes impériales. Pendant trente ans les musulmans de Tali ont tenu en échec non seulement le Yunan, mais l'empire tout entier. Qui ne sait du reste que la Chine supporte impatiemment le joug des Tartares? Si nos soldats se présentaient à Canton, non comme des ennemis ou des conquérants, mais pour proclamer l'indépendance vis-à-vis des Tartares, c'en serait fait du gouvernement de Pékin. Il le sait bien, cela, mais il compte sur notre ignorance; il compte aussi sur la rivalité hostile des autres nations de l'Europe, sans voir que là-bas toutes, en définitive, ont le même intérêt et qu'il leur importe avant tout de voir se diviser cet immense empire, qui pourrait devenir un jour un danger pour le monde.

Le moment n'est donc pas venu de s'arrêter au milieu du chemin ; il est venu, au contraire, d'agir vigoureusement.

On a ajouté qu'il importait peu d'arriver jusqu'aux portes du Yunan, si ces portes devaient rester fermées. Que ferons-nous à Lao-Kaï, dernière ville du Tonkin, disait-on, si nous ne pouvons aller à Mang-hao, première ville de Yunan ? Il nous importerait peu, dirai-je, d'aller chez les Chinois, si les Chinois viennent à nous, comme ils ont si grand intérêt à le faire. Par le gage que nous détiendrons ou de toute autre façon, ne pourrons-nous pas forcer la Chine à ouvrir sa frontière ? L'Angleterre a obtenu d'avoir un consul au Yunan ; cet avantage, concédé pour quatre ans seulement, à la suite du meurtre d'un voyageur anglais, nos rivaux en usent encore et en useront toujours. La France victorieuse sera-t-elle moins favorablement traitée ?

Nous avons en Cochinchine un certain nombre d'Indiens musulmans ; il en existe un grand nombre dans nos établissements de l'Inde. Il serait facile d'en déterminer autant qu'il faudrait à venir fonder des comptoirs à Lao-Kaï, et ces colons attireraient bien vite leurs coreligionnaires du Yunan. Pour compléter ce système de pénétration, ne serait-il pas possible de faire tenir garnison pendant quelque temps dans cette localité par nos troupes indigènes d'Afrique ? On leur élèverait une mosquée, on leur amènerait des ulémas, on faciliterait, en un mot, à tous l'exercice de leur religion... ne serait-ce pas là un sûr moyen de pénétrer en Chine, même malgré elle ? Je préfèrerais des trafiquants indiens à des marchands chinois, et les troupes arabes vaudraient mieux au début que les autres dont nous pouvons disposer là-bas.

Dans des conditions aussi favorables, ce serait une faute d'abandonner la partie. La France est en voie de se créer un vaste et bel empire colonial qui pourra la consoler de la perte des Indes. Devenant puissance asiatique et coloniale, elle affermit et augmente sa puissance métropolitaine... Ne serait-ce pas un crime de lèse-patrie que de reculer, alors qu'il ne reste plus que peu d'efforts à faire pour aboutir ?

Depuis qu'existe la question du Tonkin, les colons de Cochinchine se sont considérés comme l'avant-garde de la patrie. Et permettez-moi de rappeler, Monsieur le Président du Conseil, que si leurs vœux avaient été écoutés, les événements n'auraient jamais pris, au point de vue militaire, l'importance qu'ils ont fini par avoir.

Après moins de vingt années d'existence, la Colonie est devenue si française, qu'on a vu et qu'on voit encore ce fait bien significatif : qu'une population conquise d'hier résiste à toutes les intrigues de ses anciens rois et combat pour nous avec courage et fidélité ceux pour lesquels elle avait, il y a peu, une vénération presque religieuse.

A nos tirailleurs de Cochinchine se joignent maintenant les volontaires tonkinois, qui combattent, en définitive, pour leurs foyers.

Tous ces auxiliaires deviendront chaque jour plus nombreux et plus aguerris. Con-

tre les soldats de la Chine, ils peuvent être
sérieusement utilisés. En avant donc! et
puisque la Chine a voulu jouer un rôle,
qu'elle en supporte les conséquences. Elle
nous a donné le droit d'en finir avec ses
prétentions surannées et ses anachronismes,
elle nous a donné le droit d'exiger contre
elle des gages sérieux.

J'ai eu un moment de découragement,
lorsqu'après les combats des 16 août, 1er, 2
et 3 septembre, on a envoyé des renforts
qui étaient insuffisants ; ce découragement,
cette déception, tous l'éprouvaient là-bas.
Mais la confiance est revenue tout entière,
depuis que l'affaire est résolument conduite.
Nul doute désormais qu'elle ne puisse être
vite et bien conduite jusqu'au bout.

Il me semble, monsieur le Président du
Conseil, que les idées que je viens d'avoir
l'honneur de vous soumettre doivent être
les vôtres, et pourtant je crois accomplir un
devoir en suppliant le gouvernement d'accomplir jusqu'au bout la tâche qu'il a si
heureusement commencée. Interprète de la
colonie que je représente, je viens lui dire
que la Cochinchine est animée d'un ardent
amour pour la mère-patrie, qu'elle est tout

dévouement et prête, dès lors, s'il le faut, à de nouveaux sacrifices.

Veuillez agréer, etc.

JULES BLANCSUBÉ.

Paris. — Imprimerie Nouvelle (association ouvrière), 11, rue Cadet.
G. Masquin, directeur. — 16279.

36